SÁNDWICHES Y SUPERSÁNDWICHES

Olivier Laurent

SÁNDWICHES
Y
SUPERSÁNDWICHES

dve
PUBLISHING

© Editorial De Vecchi, S. A. 2019
© [2019] Confidential Concepts International Ltd., Ireland
Subsidiary company of Confidential Concepts Inc, USA
ISBN: 978-1-64461-924-7

Índice

Prólogo 7

Introducción 9

Sándwiches y nutrición 11

El pan 21

RECETAS 25

Los clásicos 27

Sándwiches de otros lugares ... 59

Canapés 83

Índice de recetas 91

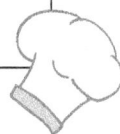

PRÓLOGO

Si hay una preparación culinaria universal, sin duda se trata del sándwich. Frío o caliente, tradicional o exótico, siempre se resume en esta fórmula: dos rebanadas de pan que encierran un relleno. A partir de aquí, cualquier invención está permitida, en función de los gustos, del tiempo y de los medios de que se disponga.

Contrariamente a lo que se piensa, el sándwich no se limita a los ingredientes típicos (jamón, salchichón o queso). Puede —y debe— constituirse como una auténtica comida completa, para satisfacer las exigencias alimentarias y gastronómicas de la persona que recurre a él. O, aunque se trate de un piscolabis, ¡no hay por qué renunciar a los placeres de la mesa!

Teniendo en cuenta esto, y puesto que todo está permitido, no dudaremos en transgredir las costumbres para realizar sándwiches (o emparedados) tan originales y variados como sea posible. Así, este tipo de comida que se toma apresuradamente, como impone con demasiada frecuencia la vida moderna, ya no responderá, por tanto, sólo a una necesidad funcional, sino que adquirirá un pequeño aire de fiesta.

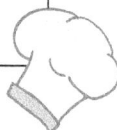

INTRODUCCIÓN

Según la tradición, el sándwich fue inventado por un lord inglés que tenía este mismo nombre en la segunda mitad del siglo XVIII.

Este noble personaje, almirante y gran amante del juego, pasaba tanto tiempo junto al tapiz verde que le daba pena incluso dejar la mesa para ir a sentarse al comedor. Cierto día pidió al jefe del comedor que le llevara algo que le permitiera saciar su apetito sin tener que abandonar su pasión.

Como la manipulación de las cartas no era compatible con el servicio de una comida tradicional, el sagaz cocinero ideó proponer una comida original y novedosa a su prestigioso cliente: dos trozos de pan de molde untados con mantequilla que encerraban un trozo de carne y un trozo de queso como guarnición. El sándwich había nacido…

Un detalle divertido: uno de los descendientes del célebre lord está hoy día al frente de una empresa de comida rápida donde la especialidad es… ¡el sándwich!

EL SÁNDWICH Y EL BOCADILLO EN CIFRAS

La evolución del ritmo de vida obliga; hoy en día se pasa mucho menos tiempo a la mesa al mediodía de lo que se hacía en otros tiempos. Así, en las últimas décadas, se ha pasado de cerca de una hora y media a… ¡un poco más de media hora!

En esta vorágine, la comida rápida —y, por tanto, el menú compuesto por un sándwich o bocadillo— se impone a un número cada vez mayor de personas. No es de extrañar, por tanto, que la venta anual de sándwiches y bocadillos supere cifras astronómicas en Europa (teniendo en cuenta, además, que en estas cifras no se incluyen los piscolabis y otros aperitivos preparados en casa).

Por regla general, se puede decir que es mayor el número de hombres que el de mujeres que optan por un sándwich o un bocadillo al mediodía.

Si hablamos en términos económicos, el mercado de estos productos tiene un peso notable, puesto que genera una cifra de negocios de más de ¡mil quinientos millones de euros!

La barra de pan es la preferida como soporte, y se utiliza en más del 50 % de las recetas. Le sigue el pan de molde (sobre todo en la elaboración de sándwiches industriales), y luego el pan de hamburguesa, el cual ocupa también un lugar preferente.

Por lo que respecta a la guarnición, el jamón de York es el protagonista por excelencia, con una frecuencia de utilización en cerca de un tercio de la producción.

Generalmente, los consumidores prefieren comprar los sándwiches en los comercios artesanos (panaderías y otras cadenas especializadas) y en los bares.

SÁNDWICHES Y NUTRICIÓN

Forzados como estamos a menudo a comer deprisa, sobre todo en el marco de la actividad profesional, son muchos los que se «abonan» al menú diario a base de sándwiches.

De aquí se derivan las legítimas inquietudes con respecto al equilibrio alimentario que aportan estas comidas, y las consecuencias que pueden derivar de este tipo de alimentación en lo concerniente a la salud... y al peso.

Al igual que una máquina, el cuerpo humano necesita un aporte energético para garantizar sus funciones. Esta energía se le suministra a través de la nutrición, mediante sustancias ya sintetizadas por el reino animal y vegetal, que se subdividen en tres grandes categorías: glúcidos, lípidos y prótidos.

LA ENERGÍA

La energía se mide en calorías, entendiendo que una caloría equivale a la cantidad de calor necesaria para elevar un grado centígrado la temperatura de un gramo de agua a una presión constante de una atmósfera.

Para cubrir el gasto energético básico (incluso en reposo, el organismo quema calorías) se estima que la ración alimentaria diaria debe aportar 1.600 calorías.

Esta cifra puede variar dependiendo de la actividad de cada persona. Un adolescente en pleno crecimiento, un deportista sometido a entrenamiento o un trabajador de fuerza tendrán unas necesidades calóricas claramente superiores a las de un anciano o una persona sedentaria. De aquí deriva la necesidad de adaptar la alimentación a las necesidades de cada uno, según la actividad realizada.

En consecuencia, la ración alimentaria media debe aportar el equivalente a 2.400-2.800 calorías diarias, dependiendo de la edad, el sexo (el hombre consume más calorías en reposo que la mujer) y el estilo de vida.

LOS NUTRIENTES

Los alimentos se subdividen en tres grandes grupos de nutrientes (glúcidos, prótidos y lípidos) que, al degradarse bajo la acción del oxígeno, producen la energía necesaria para los intercambios bioquímicos del cuerpo.

Glúcidos, prótidos y lípidos tienen valores energéticos diferentes que, expresados en calorías, proporcionan las cifras siguientes:

— la oxidación de un gramo de glúcidos produce 4 calorías;
— la oxidación de un gramo de prótidos produce 4 calorías;
— la oxidación de un gramo de lípidos produce 9 calorías.

Para elaborar una ración alimentaria diaria equilibrada no basta con calcular, en términos absolutos, el número de calorías requeridas en función de la edad, el sexo y el nivel de actividad, sino que hay que respetar un equilibrio entre las diferentes categorías de nutrientes. Así, teniendo como base un aporte de 2.500 calorías, la distribución de nutrientes se establecerá según las siguientes proporciones:

— 1.500 calorías resultantes de la oxidación de glúcidos;
— 500 calorías resultantes de la oxidación de prótidos;
— 500 calorías resultantes de la oxidación de lípidos.

Además de estos tres grandes grupos de nutrientes, hay que tener en cuenta el importante papel que ejercen las vitaminas, los minerales y los oligoelementos.

LOS GLÚCIDOS

También llamados «hidratos de carbono», los glúcidos son nutrientes que sólo aportan energía.

Se encuentran básicamente en los azúcares complejos (cereales, patatas, judías secas ricas en almidón) y simples (glucosa, fructosa, lactosa y sacarosa).

LOS PRÓTIDOS O PROTEÍNAS

Las proteínas son sustancias orgánicas nitrogenadas absolutamente indispensables para la supervivencia del organismo.

Cada tejido posee la proteína específica para su mantenimiento y regeneración.

Las proteínas ingeridas a través de los alimentos no son directamente asimilables por el organismo: descompuestas por la hidrólisis, se transforman en aminoácidos.

Las proteínas juegan un papel esencial en la fabricación del tejido de los huesos, los dientes, la piel, las uñas y los cabellos, así como en la elaboración y el mantenimiento de las membranas celulares.

También desempeñan un papel primordial en la elaboración de las hormonas y de los anticuerpos, base del sistema inmunitario.

Las mejores fuentes de proteínas son los productos de origen animal (carnes, pescados, huevos, leche, quesos), los cereales y las legumbres.

Atención: algunas proteínas solamente se encuentran en productos de origen animal.

LOS LÍPIDOS

Los lípidos son grasas que, desde el punto de vista calórico, juegan un papel muy importante en la constitución de las reservas.

Se distinguen dos tipos de grasas: las de origen animal y las de origen vegetal (a las que se añaden, en mayor o menor medida, las grasas del pescado).

Independientemente de su gran aporte energético, tienen un papel esencial en la regeneración celular y el equilibrio del sistema nervioso.

Las primeras, llamadas «saturadas», deben ser consumidas con moderación, debido a su incidencia en el aumento de la tasa de colesterol. Se encuentran en todos los productos de origen animal, excepto en el pescado.

Las de origen vegetal se dividen en dos subgrupos: las grasas monoinsaturadas (almendras, nueces, avellanas, etc.) y las grasas poliinsaturadas (aceites vegetales y de pescado).

Su consumo es recomendable en el marco de una alimentación sana y equilibrada.

LAS VITAMINAS

Indispensables para el buen funcionamiento del organismo, las vitaminas tienen como objetivo principal intervenir en los procesos de asimilación de los glúcidos, prótidos, lípidos y sales minerales. También desempeñan un papel muy importante en la lucha contra las infecciones.

Las vitaminas se clasifican en dos grupos, dependiendo de si son solubles en el agua (hidrosolubles) o en las grasas (liposolubles).

Las principales vitaminas son las siguientes: A, D, E, K, C, B_1, B_2, B_6, B_{12}, PP (o B_3), B_5, H (o B_8), B_9.

Las vitaminas hidrosolubles

• Vitamina B_1: garantiza la asimilación de los glúcidos; protege el conjunto del sistema muscular y nervioso.

Se encuentra en casi todos los alimentos, pero sobre todo en las carnes, en el germen de trigo y en la levadura de cerveza.

• Vitamina B_2: también llamada «riboflavina», tiene un papel importante en los procesos de crecimiento y de regeneración de los tejidos.

Está presente en casi todos los alimentos de origen animal y vegetal, pero principalmente en los lácteos y en las verduras de hoja.

• Vitamina B_5: también denominada «ácido pantoténico», ejerce una influencia primordial en el metabolismo de los glúcidos, los prótidos y los lípidos.

Se encuentra en grandes cantidades en la mayoría de los productos de origen animal y vegetal, pero fundamentalmente en los huevos y en el germen de trigo.

• Vitamina B_6: interviene en los trastornos relacionados con el crecimiento y favorece la buena salud de la piel.

Las fuentes más importantes de vitamina B_6 son los cereales.

• Vitamina B_9: también conocida como «ácido fólico», influye favorablemente en el crecimiento y en las funciones reproductoras; por tanto, es especialmente importante para las mujeres embarazadas.

Se encuentra en todas las verduras verdes, así como en la levadura de cerveza y en el germen de trigo.

• Vitamina B_{12}: es la única vitamina que sólo es sintetizada por los organismos animales; juega un papel primordial en la elaboración de los glóbulos rojos y previene la anemia.

Las principales fuentes son la carne y, sobre todo, la leche y sus derivados.

• Vitamina PP (también llamada «nicotinamida»): previene algunos trastornos de orden digestivo y nervioso.

Sintetizada por la flora intestinal, también está presente en estado natural en casi todas las carnes animales.

• Vitamina C (conocida también como «vitamina antiescorbuto»): retrasa el envejecimiento de las células, favorece el mantenimiento de los tejidos y acelera la cicatrización.

Está presente en las verduras frescas, las frutas (sobre todo en los cítricos) y en los menudillos.

• Vitamina H (denominada «biotina»): desempeña un papel complejo en las reacciones bioquímicas internas.
Se encuentra en prácticamente todos los alimentos de origen animal y vegetal.

Las vitaminas liposolubles

• Vitamina A: juega un papel importante en la visión nocturna y en la buena conservación de la piel y de las mucosas, e interviene en los procesos de crecimiento.
Está presente en las grasas de origen animal (nata, mantequilla, quesos), así como en la carne y en los pescados grasos. Se encuentra también, aunque en menor cantidad, en algunas frutas (albaricoque, melocotón, calabaza) y hortalizas (tomate, lechuga, soja).

• Vitamina D (también conocida como «vitamina antirraquítica»): juega un papel esencial en los procesos de calcificación de los huesos y de los dientes.
A pesar de que el organismo sintetiza esta vitamina mediante la exposición al sol (generalmente en cantidad insuficiente), es indudable la necesidad de un aporte extra, sobre todo en la etapa del crecimiento.
Las principales fuentes son los pescados grasos y algunos aceites, como el de hígado de bacalao.

• Vitamina E: es la vitamina del equilibrio sexual y de la reproducción.
Está presente en grandes cantidades en las carnes, los cacahuetes y el germen de trigo.

• Vitamina K (también conocida como «vitamina antihemorrágica»): es sintetizada por la flora intestinal y su función esencial es intervenir en las reacciones presentes en la coagulación de la sangre.
Se encuentra en las hortalizas (espinacas, col, tomates) y en la carne.

MINERALES Y OLIGOELEMENTOS

Indispensables para el buen funcionamiento del organismo en dosis infinitesimales (salvo el calcio y el magnesio), los minerales y los oligoelementos deben estar presentes en la alimentación.

Entre los minerales, destacan el calcio y el magnesio por su importancia en una alimentación equilibrada.

• El calcio: desempeña un papel fundamental en la formación y renovación de los huesos y de los dientes; también tiene un papel destacado en el buen funcionamiento de los sistemas nervioso y muscular.

Está presente en una cantidad considerable en la leche y sus derivados, los huevos, los frutos secos (almendras, avellanas, etc.) y las legumbres.

• El magnesio: desempeña un papel importante en numerosas reacciones enzimáticas intracelulares; interviene también en la transmisión neuromuscular del influjo nervioso (y por ello está considerado como un tranquilizante natural).

Las principales fuentes son el cacao, las legumbres y los cereales integrales.

Entre los oligoelementos más importantes hay que destacar:

• El cromo: necesario para el metabolismo de los glúcidos y regulador de la glucemia.

Se encuentra fundamentalmente en los menudillos (hígado), la carne, los cereales integrales, la levadura de cerveza y las nueces.

• El cobalto: indispensable en la producción de glóbulos rojos, interviene en la fijación de la vitamina B_{12}.

Las principales fuentes son las hortalizas y legumbres (col, lentejas, espinacas, tomate), la fruta (albaricoques, higos, cerezas, ciruelas, uvas) y los cereales (trigo).

• El cobre: favorece las defensas inmunitarias y facilita la absorción del hierro y del fósforo; contribuye a la fijación del calcio.

Las grandes fuentes son los frutos secos, la levadura de cerveza, el trigo, el aguacate, el hígado de ternera, las espinacas, los crustáceos y algunos frutos.

• El hierro: indispensable en la elaboración de la hemoglobina, combate la anemia.

Se encuentra sobre todo en los frutos secos, las lentejas y las hortalizas verdes, así como en los menudillos, el marisco y el cacao.

• El flúor: previene la caries dental y la osteoporosis.

Está presente en pequeñas cantidades en el agua, la sal y las hortalizas (espárragos, champiñones, zanahorias, tomates y lentejas).

• El yodo: indispensable para el buen funcionamiento de la glándula tiroides. Se encuentra en abundancia en la soja, la sal marina y los productos del mar.

• El selenio: muy importante por sus virtudes antioxidantes, adecuadas para limitar los efectos de los radicales libres; es decir, resulta eficaz contra los efectos del envejecimiento.

Está presente sobre todo en los cereales integrales, los menudillos (hígado), la carne, el germen de trigo y la levadura de cerveza.

• El cinc: desempeña un papel importante en el metabolismo de las proteínas, los glúcidos y los lípidos, así como en las funciones inmunitarias.

La mayoría de los pescados y de las carnes, así como la yema de huevo, el chocolate y los cereales integrales son grandes suministradores de cinc.

¿CONSTITUYE EL SÁNDWICH UNA BUENA DIETA?

Sí, con la condición de que se prepare con ingredientes variados y escogidos según reglas dietéticas precisas.

Independientemente del tipo de pan que se utilice —aspecto este que se analizará en el capítulo siguiente—, todo sándwich debe aportar la cantidad de prótidos, glúcidos y lípidos adecuada para cubrir las necesidades del consumidor. En otras palabras: la guarnición debe ser lo suficientemente variada (carne, productos lácteos, verdura cruda, etc.) y consistente en lo que a la cantidad se refiere, para que los aportes nutricionales sean comparables a los de una comida tradicional. Por otra parte, la adecuada combinación de los diferentes ingredientes que lo constituyen permitirá que el sándwich tenga una categoría gustativa similar (o casi) a la de un auténtico plato.

Este aspecto placentero, tanto gustativo como estético, no hay que olvidarlo, pues la ingestión de un alimento que resulta atractivo estimula las funciones, en primer lugar la salivación, de conocida importancia en la predigestión de los alimentos. Gracias a esto, el piscolabis no corre el peligro de quedarse en el estómago.

¿PUEDE CUBRIR UN SÁNDWICH TODAS LAS NECESIDADES NUTRICIONALES?

Sí y no, pues no siempre es posible conjugar en un mismo sándwich los ingredientes idóneos y las cantidades requeridas..., a no ser que se realicen complicadas arquitecturas difíciles de sustentar.

Por ello, resulta conveniente completar el menú con un complemento que puede ser una fruta o un lácteo, tan fáciles de transportar y de consumir como el sándwich, para llenar la paleta de las necesidades nutricionales.

Por otra parte, conviene insistir en la necesidad de hidratarse bien cuando se consumen sándwiches, puesto que el coeficiente de humedad del pan es menos elevado que el de la mayoría de los restantes alimentos (carnes, embutidos, pescado, etc.).

SÁNDWICHES Y... ¡«MICHELINES»!

Muchos consumidores —y, sobre todo, consumidoras— rechazan comer sándwiches porque tienen la falsa creencia de que engordan. Pues bien, están muy equivocados, pues el pan no es un alimento que engorde cuando se consume en una cantidad razonable. El sándwich no es particularmente peligroso en lo referente a este tema; sin embargo, sí tienen más peligro las guarniciones, que a menudo se limitan a embutidos con diferentes aderezos como la mayonesa, poco recomendables para la línea.

Así pues, un sándwich bien elaborado, con ingredientes magros como el pescado o el pollo, completado con verduras crudas y aderezado con pepinillos, un poco de mostaza y especias, no engorda más que una comida aparentemente más ligera cuyo modo de cocción o la salsa pueden constituir una trampa oculta.

PERFIL DE UN BUEN SÁNDWICH

Si es aficionado a los sándwiches, juegue sistemáticamente con la carta de la variedad. Como ya se ha dicho, la pausa para la comida, aunque esta sea rápida y breve, debe constituir una fiesta para las papilas y el estómago.

Por tanto, hay que tocar todas las teclas posibles para renovar el menú.

En lo que respecta a la guarnición, todo lo que es sencillo y fresco es bueno: la carne de buey y pollo, los huevos y el jamón, el atún y el salmón, los quesos curados y los tiernos... Pero hay que recordar que una fina capa de mantequilla es suficiente para acoger estas fuentes destacadas de proteínas.

Se desaconsejan naturalmente los productos de charcutería demasiado grasos (salchichón, picadillos con mucha grasa, etc.), salvo para satisfacer una necesidad puntual. Así, cuando hace frío y se requiere que el cuerpo produzca calorías, se pueden tomar en consideración algunos de estos ingredientes.

Como complemento, se puede recurrir a las verduras crudas, fuentes de vitaminas que también presentan la ventaja de aportar jugosidad al sándwich: lechuga, tomate, pepino, pimiento y otras hortalizas de temporada similares son imprescindibles para elaborar un buen sándwich.

Y para dar más sabor al conjunto, hay que reducir al máximo los condimentos grasos (como la mayonesa), para dar prioridad a los condimentos con pocas calorías como los pepinillos, las cebolletas, los encurtidos o la pimienta.

Finalmente, no conviene añadir sal al sándwich o, en su caso, ponerle muy poca.

CÓMO COMER EL SÁNDWICH

¡Sentado, y no de pie! En un ambiente tranquilo, y no en la oficina o en la mesa de trabajo. En efecto, no porque se disponga de poco tiempo hay que dejar de respetar el momento de descanso que representa la comida. Hay que dedicar un tiempo a degustar el sándwich, igual que se debe hacer con cada comida. Y dedicarle un tiempo también significa masticar bien, no engullir rápidamente un bocado tras otro. Así se evitará la pesadez de estómago y las digestiones difíciles... y se aprovecharán mejor los nutrientes de la comida.

CÓMO COMPLEMENTARLO

Comer un sándwich está bien, pero, por muy equilibrado que sea su relleno, conviene complementarlo con un lácteo (leche o yogur, salvo si se ha utilizado queso), una fruta fresca o una compota.

No hay que olvidarse de beber (preferentemente agua), por lo menos un tercio de litro. Se puede reemplazar el agua por leche —en este caso habrá que suprimir el queso— o por zumos de fruta (lo menos azucarados posible), suprimiendo la fruta o la compota.

He aquí un consejo para los más golosos y los amantes del picoteo: se puede reservar el postre para merendar, lo que permitirá luchar contra la sensación de hambre sin incrementar el menú de la comida.

LA OTRA COMIDA DEL DÍA

Deberá idearse para que complemente a la del sándwich. En otras palabras, habrá que dar prioridad a las hortalizas —crudas o cocidas, que incluyan una porción de verduras y otra de féculas— y a las frutas.

Si el sándwich del mediodía contenía pescado, por la noche habrá que optar por una carne ligera (por ejemplo de ave). Y al contrario, habrá que dar prioridad al pescado si se ha optado por jamón o asado frío en la comida.

Lo mismo sucede con el queso, que debe incorporarse en el menú bien al mediodía o bien a la noche. En cambio, se puede elegir sin problema un yogur o un queso blanco en las dos comidas, en función de los gustos de cada uno.

EL PAN

Sin pan, no hay sándwich. Es más, deberíamos decir «los panes», en plural, pues de su diversidad depende en gran medida la variedad de recetas del sándwich.

Alimento básico durante siglos, el pan ha ido perdiendo progresivamente su importancia en la alimentación, pasando de casi un kilogramo por día y por persona a unos 150 gramos.

Sin embargo, este desapego, que se explica fácilmente por el aumento del poder adquisitivo y el incremento en la variedad de productos alimenticios comercializados, se ve matizado por un renacer del interés por el pan, motivado por preocupaciones a la vez gastronómicas y ecologistas. En efecto, hoy en día podemos encontrar muchos tipos de pan, que conjugan los sabores de antaño y las elaboraciones más originales, y que son adecuados para satisfacer tanto las demandas de los defensores de una alimentación sana como los paladares más exigentes.

Alimento sano, el pan contiene muchos glúcidos, algunas proteínas y una mínima cantidad de lípidos (detalle muy interesante en una época en la que se constatan importantes derivados con materias grasas añadidas). Por otra parte, su riqueza en fibras favorece el tránsito intestinal.

Regulador del apetito, gracias a las fibras contribuye a procurar una sensación de saciedad, evitando así la ingesta de un exceso de alimentos que contribuirían a un aumento de peso.

LAS GRANDES VARIEDADES DE PAN

Al contar con un centenar de variedades diferentes, el pan no corre el riesgo de convertirse en un alimento monótono.

Hay cuatro grandes clases de pan, que se establecen en función del tipo de harina empleado:

• Pan común (producido con harina de trigo tierno) o pan blanco: barra, espiga, flauta...

• Pan de trigo candeal (elaborado con harina de trigo duro).

• Pan integral (producido con harina integral de trigo).

• Panes especiales (producidos con otros tipos de harina, aunque estas estén mezcladas con harina de trigo):

— pan de hogaza: preparado con una mezcla de harina de trigo y harina de centeno (aunque a veces se pueden encontrar también panes de hogaza que están elaborados sólo con harina de trigo);
— pan de centeno: elaborado con una mezcla de harina de trigo tierno y harina de centeno;
— panes de cereales: mezcla de trigo, centeno, cebada, avena, arroz y/o germen de trigo;
— pan biológico: elaborado con harinas no tratadas y en el que la levadura se ha sustituido por levadura madre;
— panes aromatizados: pan de nueces, de aceitunas, etc.;
— pan de molde: elaborado con harina blanca, su receta conlleva generalmente el añadido de numerosos aditivos, sobre todo en los casos del pan de fabricación industrial (grasas, conservantes...);
— pan tipo *brioche*: pan enriquecido con sustancias grasas;
— pan de Viena: pan parecido al anterior.

LA CONSERVACIÓN DEL PAN

Los viejos arcones para el pan constituyen todavía la mejor manera de conservarlo.

Por razones prácticas, se puede preferir envolverlo en un trapo, pero es necesario colocarlo luego en un lugar fresco y seco, resguardado de la luz. (Hay que evitar la bolsa de plástico, en la cual el pan no respira y se humedece, adquiriendo un tacto desagradable).

Si se desea conservar el pan durante mucho tiempo, la congelación ofrece una alternativa interesante. Los mejores resultados en estos casos se obtienen con pan fresco protegido con plástico transparente para uso alimentario. Así, el pan se puede conservar durante aproximadamente dos meses. Para consumirlo en las mejores condiciones, habrá que sacarlo del congelador en el momento de comer, y calentarlo en el horno (no en el microondas, pues se humedecería) durante unos minutos.

A TENER EN CUENTA

Digestibilidad del pan
El pan es un alimento que se digiere muy bien, salvo cuando no está bien cocido o cuando tiene demasiada miga. Así pues, conviene elegir muy bien el pan que se va a utilizar para hacer el sándwich, e incluso quitar, si es necesario, el exceso de miga..., lo que además permitirá poner mejor el relleno.

Trastornos gastrointestinales
Si bien el pan integral resulta particularmente interesante debido a su alto contenido en fibras (indispensables para la regulación del tránsito intestinal), puede resultar bastante irritante si se padece algún tipo de trastorno gastrointestinal. Por tanto, en estos casos habrá que limitar su consumo, alternándolo con otros tipos de pan.

Panes enriquecidos...
El pan de molde, el vienés y el *brioche* son, debido a su composición, más ricos en lípidos. Por tanto, hay que saber limitar su consumo en el marco de un régimen equilibrado o tener
en cuenta su aporte lípido a la hora de elaborar las guarniciones.

... y guarniciones ligeras
Finalmente, si se tienen unas ganas irresistibles de un *kebab* o una pita griega, o si se van los ojos detrás de una *pizza*, habrá que elegir la guarnición adecuada: verduras crudas, una salsa de yogur en lugar de mayonesa y ¡una mezcla de jamón y champiñones en vez de cuatro quesos!

RECETAS

El pan combina bien con prácticamente todos los alimentos, y por ello
no es difícil encontrar el sándwich adecuado para cada gusto y ocasión.
Independientemente de cuáles sean las circunstancias que han llevado a
sustituir una comida tradicional por un sándwich, se optará por rellenos
«secos» (jamón, aves, pescado, queso, etc.) u otros (migas de atún,
verduras cocinadas), un poco más difíciles de utilizar si el sándwich se toma
en la oficina, en la mesa de trabajo. Pero en todos los casos el repertorio
de guarniciones y de sabores es inmenso, como se podrá ver en los numerosos
ejemplos de recetas que se facilitan en esta obra.
Las cantidades citadas se han establecido para una ración
(excepto en algunas recetas en las que se ha indicado el número de personas).

LOS CLÁSICOS

Los sándwiches de jamón-mantequilla y otros embutidos (que deberán limitarse en el marco de una alimentación equilibrada), queso (de cabra, camembert, gruyer, manchego, etc.), carne (asado de ternera, ave, etc.) o pescado (atún, salmón, etc.), con o sin guarnición complementaria de verduras crudas, constituyen las recetas tradicionales de las que sólo citaremos algunos ejemplos. Todo el mundo sabe, en efecto, cómo preparar este tipo de piscolabis. No hace falta, por tanto, insistir más, salvo para recordar que hay que tener cuidado con los ingredientes grasos —mantequilla o mayonesa— y dar prioridad a los condimentos más ligeros, a base de aceite de oliva virgen extra o de mostaza, por ejemplo (un poquito basta para aromatizar un sándwich).

Por otra parte, estas recetas siempre se pueden personalizar con diversos condimentos —pepinillos, cebolletas, encurtidos y hierbas aromáticas— gracias a los cuales el sándwich se saldrá de lo habitual.

PARISINO

Ingredientes

1/3 de barra (o 2 rebanadas de pan de molde, o 2 rebanadas de pan de hogaza)
1 loncha de jamón
1 hoja de lechuga
Mantequilla

🕐 Lave la hoja de lechuga.

🕐 Abra el pan en sentido longitudinal (si emplea una barra), y unte con mantequilla una de las dos mitades.

🕐 Coloque la loncha de jamón doblada.

🕐 Cubra con la hoja de lechuga.

🕐 Cierre el sándwich con la otra mitad del pan.

SÁNDWICH DE QUESO Y JAMÓN

Ingredientes

1/3 de barra (o 2 rebanadas de pan de molde)
40 g de queso brie
1 loncha de jamón de York
1 tomate
Hierbas provenzales
Mantequilla

🕐 Lave el tomate y córtelo en rodajas finas.

🕐 Abra el pan en sentido longitudinal y unte con mantequilla una mitad.

🕐 Disponga la loncha de jamón, el queso *brie* y unas rodajas de tomate.

🕐 Espolvoree las hierbas provenzales.

🕐 Cierre con la otra mitad del pan.

SÁNDWICH DE SALCHICHÓN

Ingredientes

1/3 de barra (o 2 rebanadas de pan de molde, o 2 rebanadas de pan de hogaza)
50 g de salchichón cortado en finas rodajas
Pepinillos
Mantequilla

⏱ Abra el pan en sentido longitudinal y unte con mantequilla una mitad.

⏱ Disponga las rodajas de salchichón.

⏱ Distribuya unos pepinillos cortados en rodajas.

⏱ Cierre el sándwich con la otra mitad del pan.

CLUB SÁNDWICH

Ingredientes

3 rebanadas de pan de molde
100 g de pechuga de pollo asada (o una loncha de pavo)
1 tomate
Lechuga
Mayonesa

⏱ Tueste las rebanadas de pan de molde.

⏱ Mientras, lave la lechuga y el tomate, y corte este último en rodajas finas.

⏱ Unte las tres rebanadas de pan con mayonesa (la segunda, por las dos caras).

⏱ Desmenuce la pechuga de pollo o disponga la loncha de pavo sobre la primera rebanada, y cubra con unas rodajas de tomate y una hoja de lechuga.

⏱ Cubra con la rebanada de pan untada con mayonesa por las dos caras, y repita la operación.

⏱ Cubra con la última rebanada de pan.

NOTA

Por cuestiones estéticas, este sándwich se suele cortar en diagonal para obtener dos porciones.

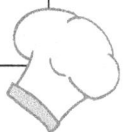

SÁNDWICH PARA CUIDAR LA LÍNEA

Ingredientes

2 rebanadas de pan integral
100 g de pavo asado
1 tomate
1 hoja de lechuga
Queso a las finas hierbas (o una loncha de gruyer)

🕐 Tueste ligeramente el pan.

🕐 Unte una rebanada con una capita de queso a las finas hierbas (o coloque la loncha de gruyer).

🕐 Disponga el pavo asado.

🕐 Lave la lechuga y el tomate, y corte este en rodajas finas.

🕐 Cubra la carne con el tomate y la lechuga.

🕐 Cierre con la segunda rebanada de pan.

SÁNDWICH DE COL, ZANAHORIAS Y PASAS

Ingredientes

2 bollitos de leche
25 g de col
25 g de zanahorias
25 g de pasas de Corinto
Mantequilla o mayonesa
Limón
Aceite de oliva virgen extra
Sal, pimienta

🕐 Abra los bollitos y tueste las cuatro mitades por el lado de la miga.

🕐 Mientras, lave las hojas de col y córtelas en finas tiras.

🕐 Pele las zanahorias y córtelas de la misma manera.

🕐 Unte generosamente las dos bases de pan con mantequilla o mayonesa, según sus preferencias.

🕐 Coloque la col, las zanahorias y las pasas de Corinto; salpimiente y añada unas gotas de aceite de oliva virgen extra y de limón.

🕐 Cubra con las otras mitades de los bollitos.

SÁNDWICH DE TOMATE Y ESPÁRRAGOS

Ingredientes

1/3 de barra de pan vienés
1 tomate
1 latita de espárragos
1 huevo duro
Lechuga
Mayonesa

🕐 Lave la lechuga.

🕐 Lave el tomate y córtelo en rodajas finas.

🕐 Pele el huevo duro y córtelo en rodajas.

🕐 Abra el pan y unte uno de los lados con mayonesa.

🕐 Disponga una capa de lechuga, cubra con las rodajas de tomate, las rodajas de huevo y termine con los espárragos.

🕐 Recubra con la otra mitad del pan.

SÁNDWICH A LA TAPENADE

Ingredientes

2 rebanadas de pan de hogaza
50 g de tapenade (salsa elaborada con aceitunas negras, alcaparras y anchoas)
1 tomate pequeño
1/3 de berenjena
1 diente de ajo
Aceite de oliva virgen extra

🕐 Lave la berenjena y córtela en rodajas de grosor medio.

🕐 Dórelas unos minutos a fuego fuerte en una sartén con unas gotas de aceite de oliva.

🕐 Mientras, lave el tomate, córtelo en rodajas finas e incorpórelo a la sartén con la berenjena.

🕐 Pele y corte el diente de ajo en trocitos, y añádalo a las verduras.

🕐 Tueste el pan y unte una de las rebanadas con la salsa *tapenade*.

🕐 Recubra con las verduras asadas.

🕐 Cubra con la segunda rebanada de pan.

SÁNDWICH PROVENZAL

Ingredientes

2 panecillos redondos
1 latita de anchoas en aceite
1 tomate
1/2 pimiento rojo
1 cebolla pequeña
Aceitunas negras sin hueso
Hierbas aromáticas frescas
Aceite de oliva virgen extra
Sal, pimienta

🕐 Lave el tomate y córtelo en rodajas finas.

🕐 Lave el pimiento y córtelo en tiras finas.

🕐 Pele la cebolla y córtela en rodajas finas.

🕐 Corte las aceitunas en rodajas.

🕐 Lave las hierbas aromáticas y píquelas gruesas.

🕐 Corte transversalmente los dos panecillos y unte ligeramente cada base con aceite de oliva virgen extra.

🕐 Disponga encima unas anchoas y recúbralas con las lonchas de tomate, las tiras de pimiento y las rodajitas de cebolla y aceitunas.

🕐 Salpimiente y espolvoree las hierbas aromáticas antes de cerrar cada panecillo con su parte superior.

SÁNDWICH DE PANCETA Y HUEVOS REVUELTOS

Ingredientes

2 rebanadas de pan de molde
1 loncha de panceta
1 huevo
1 tomate
Mantequilla

🕐 Lave el tomate y córtelo en rodajas finas; póngalas al fuego en una sartén con un poco de mantequilla.

🕐 Deje que se hagan hasta obtener una salsa espesa.

🕐 Bata el huevo y deje que cuaje a fuego suave en la sartén con el tomate, removiendo de vez en cuando.

🕐 Mientras, tueste el pan.

🕐 Una vez tostado, unte una de las rebanadas con la mezcla de huevo y tomate antes de disponer la loncha de panceta.

🕐 Recubra con la segunda rebanada de pan; este sándwich se ha de consumir enseguida.

BOCADILLO DE CABEZA DE JABALÍ

Ingredientes

1/3 de barra de pan
60 g de cabeza de jabalí en lonchas
1 hoja de lechuga
Mantequilla

🕐 Unte con mantequilla la mitad del pan.

🕐 Coloque las rodajas de cabeza de jabalí.

🕐 Recubra con la hoja de lechuga.

🕐 Cierre con la otra mitad del pan.

SÁNDWICH DE FOIE GRAS CON MANGO

Ingredientes

4 rebanadas de pan brioche
1 loncha de foie gras de pato
1/2 mango
Mantequilla

🕐 Tueste el pan.

🕐 Mientras, pele un mango que no esté demasiado maduro; corte unas rodajas y dórelas a fuego vivo en una sartén con un poco de mantequilla.

🕐 Escúrralas, séquelas y resérvelas.

🕐 Reparta el *foie gras* en dos rebanadas de pan y recubra con el mango.

🕐 Cierre cada sándwich con las rebanadas de pan restantes.

BOCADILLO DE POLLO Y VERDURAS

Ingredientes

1/3 de barra
100 g de pechuga de pollo asada
1 tomate pequeño
1/4 de pimiento verde
50 g de champiñones
1 cebolla
1/4 de guindilla roja
Aceite de oliva virgen extra
Sal, pimienta

🕐 Lave el pimiento y cuézalo en agua con sal; retírelo del fuego, escúrralo y déjelo enfriar; quítele la piel y córtelo en finas tiras.

🕐 Desmenuce la pechuga de pollo.

🕐 Lave el tomate y los champiñones, pele la cebolla y córtelo todo en láminas.

🕐 Trocee la guindilla.

🕐 Mezcle todo.

🕐 Dispóngalo sobre una mitad del pan, salpimiente y añada un chorrito de aceite de oliva.

🕐 Cubra con la otra mitad del pan.

SÁNDWICH DE POLLO Y GROSELLAS

Ingredientes

1/3 de barra de pan vienés
100 g de pechuga de pollo asada
50 g de grosellas
Nata líquida para cocinar
1 hoja de lechuga
Mayonesa
Pimienta

🕐 Desmenuce la pechuga de pollo.

🕐 Aplaste bien las grosellas con un tenedor.

🕐 Mezcle una cucharada sopera de mayonesa con dos cucharadas soperas de nata e incorpore las grosellas.

🕐 Añada la pimienta.

🕐 Unte el pan abierto con esta preparación, y reparta el pollo.

🕐 Cubra con la hoja de lechuga.

🕐 Cierre con la otra mitad del pan, teniendo cuidado de quitar previamente el exceso de miga.

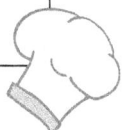

SÁNDWICH DE CERDO CON PIÑA

Ingredientes

2 rebanadas de pan de hogaza
1 rodaja de cerdo asado frío
1/4 de piña
1 hoja de lechuga
1 pepinillo grande

🕐 Extraiga la pulpa de la piña. Póngala a cocer a fuego suave con un poco de agua, y luego pásela por la batidora.

🕐 Corte el pepinillo en finas rodajas.

🕐 Disponga en una rebanada de pan las rodajas de pepinillo, la rodaja de cerdo asado y la piña, y cubra con la hoja de lechuga.

🕐 Cubra con la segunda rebanada de pan.

SÁNDWICH DULCE-SALADO

Ingredientes

2 rebanadas de pan de molde
1 rodaja de pavo asado
1 rodaja de piña
Mantequilla

🕐 Unte con mantequilla las dos rebanadas de pan y tuéstelas en una sartén.

🕐 Cuando las retire del fuego, disponga la rodaja de pavo —a la que previamente le habrá quitado la grasa— sobre una de ellas.

🕐 Cubra con la piña y luego con la segunda rebanada de pan.

🕐 Consuma el sándwich enseguida.

SÁNDWICH ALSACIANO

Ingredientes

1/2 barra de pan
2 salchichas frescas
1 tomate
Col cocida
Queso gruyer
1 hoja de lechuga
Mostaza de Dijon
Sal, pimienta

🕐 Cueza las salchichas en agua hirviendo durante unos minutos. Escúrralas y déjelas enfriar.

🕐 Corte el pan en dos, y unte cada mitad con una fina capa de mostaza.

🕐 Corte el queso en láminas muy finas y dispóngalas en una de las mitades de pan.

🕐 Recubra con una fina capa de col cocida.

🕐 Corte las salchichas en finas rodajas y dispóngalas sobre la col.

🕐 Recubra con el tomate en rodajas y la hoja de lechuga previamente lavada y secada.

🕐 Salpimiente a su gusto.

🕐 Cubra con la otra mitad del pan.

NOTA

Este sándwich resultará mucho más apetitoso si se calienta ligeramente en el horno antes de consumirlo. Pero, ¡cuidado!, el queso sólo debe humedecerse un poco, y en ningún caso ha de llegar a fundirse.

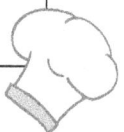

BOCADILLO DE SALCHICHA

Ingredientes

1/3 de barra de pan
1 salchicha
100 g de patatas para freír
Mostaza de Dijon
Sal

🕐 Tueste ligeramente el pan.

🕐 Mientras, ase la salchicha y fría las patatas. Escúrralas.

🕐 Unte el pan con la mostaza.

🕐 Coloque la salchicha sobre una mitad del pan, y recubra con las patatas.

🕐 Cierre con la otra mitad del pan.

🕐 Consuma este bocadillo caliente.

SÁNDWICH DE JAMÓN, QUESO Y NARANJA

Ingredientes

2 rebanadas de pan de hogaza
40 g de jamón serrano
50 g de queso gouda
1 naranja
1 hoja de lechuga
Mantequilla

🕐 Corte el jamón en tiras largas.

🕐 Corte la naranja en rodajas, y el queso, en finas tiras.

🕐 Unte con mantequilla una rebanada de pan; disponga la hoja de lechuga y luego las tiras de jamón, el queso y unas rodajas de naranja.

🕐 Cubra con la otra rebanada de pan.

SÁNDWICH DE CECINA

Ingredientes

2 rebanadas de pan de hogaza
1 huevo duro
1 loncha gruesa de cecina
Mantequilla
Mayonesa

🕐 Pele el huevo y aplástelo con el tenedor.

🕐 Corte la cecina en daditos y saltéela a fuego vivo en una sartén ligeramente untada con mantequilla. Escúrrala y séquela.

🕐 Mezcle el huevo duro con una cucharadita de mayonesa.

🕐 Unte una de las rebanadas de pan con este preparado y rellene con la cecina.

🕐 Cubra con la segunda rebanada de pan.

SÁNDWICH DE SARDINAS

Ingredientes

2 rebanadas de pan de hogaza
1 lata de sardinas en aceite de oliva
Albahaca
1 hoja de lechuga
Limón

🕐 Tueste el pan.

🕐 Mientras, lave la albahaca y píquela gruesa.

🕐 Escurra las sardinas (reserve el aceite) y quíteles la espina.

🕐 Unte una cara de las rebanadas con un poco del aceite reservado.

🕐 Disponga los filetes sobre una rebanada y sazone con unas gotas de limón y albahaca.

🕐 Recubra con la hoja de lechuga.

🕐 Cierre con la segunda rebanada de pan.

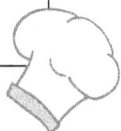

SÁNDWICH FRESCOR

SÁNDWICH DE

Ingredientes

1 pan de pita
1 loncha de jamón de York
1/4 de melón
3 champiñones
2 cucharadas soperas de queso para untar
Cebollino
Perejil
Sal, pimienta

🕐 Lave los champiñones, córtelos en finas láminas, póngalos en remojo en agua con unas gotas de vinagre, enjuáguelos y resérvelos.

🕐 Corte la pulpa del melón en tiras finas.

🕐 Lave y pique el cebollino y el perejil; agregue el queso y salpimiente.

🕐 Abra el pan de pita y unte cada lado con el queso.

🕐 Rellene con el jamón de York, recubra con los champiñones y el melón y cierre el pan.

🕐 Este sándwich es ideal para una comida rápida.

SÁNDWICH SABROSO

Ingredientes

1/2 barra de pan rústico
1 salchicha de Frankfurt
1 huevo duro
1 patata cocida
Mostaza al estragón
Vinagreta
Sal, pimienta

🕐 Cueza la salchicha en agua hirviendo durante 6 minutos.

🕐 Escúrrala y déjela enfriar.

🕐 Pele el huevo duro, desmenuce la yema y aplaste la clara con un tenedor.

🕐 Pele la patata y córtela en rodajas de grosor medio.

🕐 Sazone con la vinagreta y salpimiente.

🕐 Abra el pan y unte una mitad con la mostaza.

🕐 Recubra con el picadillo de huevo.

🕐 Corte la salchicha en rodajas finas y dispóngalas sobre el pan.

🕐 Recubra con la patata.

🕐 Cierre con la otra mitad del pan.

NOTA

Este sándwich resulta aún más apetitoso si el pan se tuesta ligeramente.

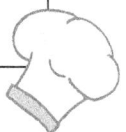

SÁNDWICH DE HIGOS Y JAMÓN DE YORK

Ingredientes

1 bollito de pan de cereales
1 loncha fina de jamón de York
2 higos frescos
Canónigos
Aceite de oliva virgen extra

🕐 Lave y corte los higos en rodajas de grosor medio.

🕐 Abra el pan y unte ligeramente una de las mitades con aceite de oliva antes de colocar la loncha de jamón de York.

🕐 Recubra con los higos y unas hojas de canónigos.

🕐 Cierre el bocadillito.

SÁNDWICH DE VERDURAS ASADAS Y MOZZARELLA

Ingredientes

2 rebanadas de pan de hogaza
1/4 de calabacín
1/4 de berenjena
1 trozo de pimiento rojo
1 trozo de pimiento amarillo
1 trozo de mozzarella
1 diente de ajo
Tomillo
Aceite de oliva virgen extra
Sal, pimienta

🕐 Lave las verduras y séquelas.

🕐 Corte la berenjena, el calabacín y la *mozzarella* en lonchas finas.

🕐 Corte los pimientos en tiras.

🕐 Ase las verduras con unas gotas de aceite de oliva virgen extra.

🕐 Corte el diente de ajo en dos y unte ligeramente con él la cara interna de las dos rebanadas de pan.

🕐 Disponga las rodajas de *mozzarella* y luego las verduras asadas; salpimiente y espolvoree tomillo.

🕐 Condimente con unas gotas de aceite de oliva virgen extra.

🕐 Cubra con la segunda rebanada de pan.

SÁNDWICH DE JAMÓN SERRANO AL ROQUEFORT

Ingredientes

4 rebanadas de pan de molde
1 loncha de jamón serrano
25 g de roquefort
25 g de crema de gruyer
2 rodajas de piña en almíbar

🕐 Mezcle el roquefort y la crema de gruyer, y unte generosamente dos rebanadas de pan de molde.

🕐 Corte el jamón en trozos pequeños y dispóngalos sobre el lecho de queso.

🕐 Cubra cada base con una rodaja de piña bien escurrida.

🕐 Cierre con las dos rebanadas de pan restantes.

🕐 Sirva este sándwich bien frío.

BOCADILLO DE ARROZ INTEGRAL

Ingredientes

1/2 barra de pan
75 g de arroz integral cocido
50 g de champiñones
1 loncha de jamón
1/2 pimiento rojo
1 cebolla pequeña
Aceitunas verdes y negras deshuesadas
1 hoja de lechuga
Albahaca fresca
Perejil
Vinagreta
Sal, pimienta

🕐 Lave los champiñones, córtelos en finas láminas, póngalos en remojo en agua con unas gotas de vinagre, enjuáguelos y resérvelos.

🕐 Lave el pimiento, quítele las pepitas y córtelo en finas rodajas. Pele la cebolla y píquela finamente.

🕐 Lave y pique también finamente la albahaca y el perejil. Corte el jamón en pequeños cuadraditos.

🕐 Corte las aceitunas en rodajas finas.

🕐 Mezcle el arroz con el jamón, el pimiento, los champiñones, las aceitunas y las hierbas.

🕐 Salpimiente y sazone con la vinagreta.

🕐 Rellene el pan con este preparado, quitándole antes el exceso de miga.

🕐 Consuma frío.

SÁNDWICH DE BUEY

Ingredientes

2 rebanadas de pan de hogaza o barra
1 loncha de asado de buey frío
Pepinillos
1 hoja de lechuga
Estragón o albahaca
Mostaza
Mantequilla
Sal, pimienta

🕐 Corte unos pepinillos en finas rodajitas.

🕐 Lave y pique el estragón.

🕐 Unte con mantequilla una de las rebanadas de pan y disponga la carne encima.

🕐 Salpimiente.

🕐 Recubra con la hoja de lechuga y adorne con los pepinillos y el estragón o las hojas de albahaca.

🕐 Antes de cerrar el sándwich, unte la segunda rebanada de pan con mostaza al estragón.

SÁNDWICH DE SESOS

Ingredientes

1/2 barra de pan
1 seso de cordero
Limón
Lechuga
Perejil
5 cl de aceite de oliva virgen extra
Sal, pimienta

🕐 Cueza el seso en agua con sal, escúrralo y aplástelo bien con el tenedor. Déjelo enfriar.

🕐 Mientras, lave el perejil y píquelo finamente.

🕐 Mézclelo con el seso, salpimiente y añada un chorrito de zumo de limón.

🕐 Incorpore lentamente el aceite, removiendo enérgicamente.

🕐 Mientras, tueste el pan.

🕐 Cuando la mezcla haya adquirido la consistencia adecuada, extiéndala en una de las mitades del pan.

🕐 Cubra con una hoja de lechuga, previamente lavada, y cierre el sándwich con la otra mitad del pan.

🕐 Consuma al momento.

SÁNDWICH DE HÍGADO DE TERNERA

Ingredientes

2 rebanadas de pan de molde
100 g de hígado de ternera
10 g de mantequilla
Perejil
Sal, pimienta

🕐 Fría el hígado de ternera en una sartén ligeramente untada con mantequilla, con cuidado para que no quede seco.

🕐 Mientras, lave el perejil y píquelo finamente.

🕐 Pique el hígado, salpiméntelo y mézclelo con el perejil y la mantequilla.

🕐 Esparza generosamente este preparado sobre una rebanada de pan y cubra con la otra rebanada.

SÁNDWICH DE ATÚN Y HUEVOS MIMOSA

Ingredientes

1/2 barra de pan
2 huevos
1 latita de migas de atún en aceite de oliva
Sal, pimienta

🕐 Cueza los huevos, déjelos enfriar, pélelos y aplaste las yemas con un tenedor.

🕐 Escurra el atún antes de mezclarlo con las yemas de huevo.

🕐 Salpimiente y rellene el pan con esta preparación, después de haber quitado el exceso de miga.

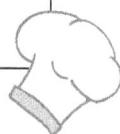

SÁNDWICH DE ATÚN Y QUESO

Ingredientes

1 panecillo redondo
1 latita de migas de atún al natural
10 cl de queso para untar con un 20 % de materia grasa
Limón
Aceite de oliva virgen extra
Albahaca
Perejil
Sal, pimienta

🕐 Escurra el atún.

🕐 Lave y pique la albahaca y el perejil antes de mezclarlos con el queso blanco.

🕐 Salpimiente y aderece con un hilillo de aceite de oliva y unas gotas de zumo de limón.

🕐 Mezcle con el pescado y rellene el panecillo con esta preparación, teniendo cuidado de quitar antes el exceso de miga.

SÁNDWICH DE ATÚN Y HUEVOS

Ingredientes

1/3 de barra de pan (o 2 rebanadas de pan de hogaza)
1 latita de migas de atún en aceite de oliva
2 huevos cocidos
1 tomate pequeño
Cebollino
Mayonesa
Sal, pimienta

🕐 Tueste ligeramente el pan y escurra el atún.

🕐 Corte el tomate en rodajas finas.

🕐 Pele los huevos cocidos, córtelos por la mitad y separe las claras de las yemas; aplaste estas últimas con el tenedor y mézclelas con el atún y dos cucharadas soperas de mayonesa.

🕐 Salpimiente.

🕐 Rellene las claras con esta preparación y dispóngalas sobre una mitad del pan; recubra con las rodajas de tomate.

🕐 Espolvoree bien el cebollino finamente picado.

🕐 Recubra con la otra mitad del pan.

SÁNDWICH DE PATÉ DE SALMÓN

Ingredientes

2 rebanadas de pan de molde
1 latita de paté de salmón
Limón
Perejil

🕐 Tueste ligeramente el pan.

🕐 Mientras, lave y pique el perejil.

🕐 Extienda el paté de salmón sobre una rebanada de pan todavía caliente.

🕐 Aderece con unas gotas de zumo de limón y añada el perejil.

🕐 Cubra con la segunda rebanada de pan.

🕐 Consuma este sándwich tibio.

SÁNDWICH DE GAMBAS Y CANGREJO

Ingredientes

2 rebanadas de pan de molde
1 huevo duro
6 gambas cocidas
1 latita de carne de cangrejo
Perejil
Limón
Mayonesa

🕐 Tueste las rebanadas de pan.

🕐 Mientras, lave el perejil y píquelo grueso; pele las gambas y abra la lata de cangrejo.

🕐 Unte con mayonesa una de las rebanadas de pan, ponga encima la carne de cangrejo y disponga luego las gambas. Añada el huevo duro en rodajas.

🕐 Espolvoree el perejil y aderece con un hilillo de zumo de limón.

🕐 Recubra con la segunda rebanada de pan.

SÁNDWICH DE BOGAVANTE A LA NARANJA

Ingredientes

1/3 de barra de pan vienés
75 g de bogavante cocido
1 naranja
Mayonesa
Nata líquida
Estragón
Pimienta

🕐 Desmenuce la carne de bogavante.

🕐 Exprima una naranja y reduzca el zumo a fuego suave hasta obtener un jarabe denso.

🕐 Deje que se enfríe.

🕐 Lave el estragón y píquelo finamente.

🕐 Cuando el jarabe de naranja esté frío, incorpore un poco de mayonesa, nata líquida y el estragón.

🕐 Sazone con un poco de pimienta.

🕐 Unte una de las mitades del pan con esta salsa y reparta el bogavante.

🕐 Cierre con la otra mitad del pan.

SÁNDWICH DE PICADILLO DE SALMÓN

Ingredientes

2 rebanadas de pan de molde
50 g de picadillo de salmón
1 loncha pequeña de salmón ahumado
5 cl de nata
Limón
Eneldo

🕐 Tueste las rebanadas de pan antes de disponer el picadillo de salmón.

🕐 Coloque la loncha de salmón ahumado y cubra con un poco de nata.

🕐 Espolvoree un poco de eneldo y sazone con unas gotas de limón.

🕐 Recubra con la segunda rebanada de pan.

SÁNDWICH DE AGUACATE Y HUEVAS DE BACALAO

Ingredientes

2 rebanadas de pan de centeno
1 latita de huevas de bacalao
1/2 aguacate
1 hoja de lechuga
Limón
Cebollino

🕐 Extraiga la pulpa del aguacate con una cucharilla y mézclela con la misma cantidad de huevas de bacalao.

🕐 Incorpore el cebollino previamente lavado, secado y cortado en trocitos.

🕐 Aderece con unas gotitas de zumo de limón.

🕐 Unte generosamente una rebanada de pan con este preparado y cubra con la hoja de lechuga.

🕐 Recubra con la segunda rebanada de pan.

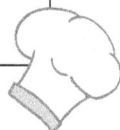

SÁNDWICH NORTE-SUR

Ingredientes

1 bollo de pan
1/2 aguacate
3 langostinos cocidos
1 latita de cangrejo
Nata
Limón
Aceite de oliva virgen extra
Pimienta

🕐 Pele los langostinos y córtelos en rodajitas.

🕐 Saque la pulpa del aguacate con una cucharilla y aplástela con el tenedor.

🕐 Sazone con un poco de pimienta e incorpore una cucharada sopera de carne de cangrejo y una cucharadita de nata.

🕐 Aderece con unas gotas de zumo de limón y aceite de oliva.

🕐 Unte la mitad del pan con esta preparación y disponga encima los langostinos.

🕐 Cubra con la otra mitad del pan.

SÁNDWICH DE CABALLA A LA MOSTAZA

Ingredientes

2 rebanadas de pan moreno
1 latita de filetes de caballa en aceite
Mostaza de Dijon
Mayonesa
Limón

🕐 Mezcle una cucharadita de mostaza con una de mayonesa y unte una de las rebanadas de pan con este preparado.

🕐 A continuación, disponga los filetes de caballa.

🕐 Sazone con unas gotas de zumo de limón.

🕐 Cubra con la segunda rebanada de pan.

SÁNDWICH DE MEJILLONES Y SURIMI

Ingredientes

1/3 de barra de pan vienés
Unos palitos de surimi
1 latita de mejillones en escabeche
Mayonesa
Nata ligera
Pimienta

🕐 Escurra los mejillones.

🕐 Corte los palitos de *surimi* en trocitos pequeños.

🕐 Mezcle una cucharada sopera de mayonesa con una cucharadita de nata.

🕐 Sazone con pimienta.

🕐 Unte las dos mitades del pan con este preparado.

🕐 Disponga los trocitos de *surimi* y complete con los mejillones.

🕐 Cierre el pan.

SÁNDWICH DE VIEIRAS

Ingredientes

1/3 de barra de pan vienés
8 vieiras
Pimentón
Cebollino
Nata ligera
Mantequilla
Limón
Aceite de oliva virgen extra
Sal, pimienta

🕐 Rehogue a fuego fuerte las vieiras en una sartén con un poco de mantequilla.

🕐 Déjelas enfriar y resérvelas.

🕐 Lave el cebollino y córtelo en trozos pequeños.

🕐 Mézclelos con una cucharada sopera de nata. Salpimiente y espolvoree pimentón.

🕐 Unte el pan abierto con este preparado y disponga encima las vieiras.

🕐 Sazone con unas gotas de aceite de oliva y zumo de limón.

🕐 Cierre el pan.

BOCADILLO DE MERLUZA AL ALIOLI

Ingredientes

1/3 de barra de pan
100 g de merluza
Alioli
Tomillo
Laurel
Limón
Sal, pimienta

🕐 Cueza la merluza en un poco de agua con sal y aromatizada con una ramita de tomillo y una hoja de laurel.

🕐 Escúrrala, desmíguela y déjela enfriar.

🕐 Mientras, tueste el pan abierto en dos mitades.

🕐 Unte generosamente una de las mitades con el alioli y recubra con el pescado.

🕐 Salpimiente y sazone con unas gotas de zumo de limón.

🕐 Cubra con la otra mitad del pan.

SÁNDWICH DE SUCEDÁNEO DE CAVIAR

Ingredientes

2 rebanadas de pan de centeno
1 latita de sucedáneo de caviar
Nata ligera
Cebollino
Limón

🕐 Lave y corte el cebollino en trocitos pequeños.

🕐 Mézclelo con el equivalente a una cucharadita de postre de nata y unte una de las rebanadas de pan.

🕐 Recubra con el sucedáneo de caviar.

🕐 Sazone con unas gotitas de zumo de limón.

🕐 Cubra con la segunda rebanada de pan.

SÁNDWICH DE NUECES Y ROQUEFORT

Ingredientes

1 bollito de pan de cereales
40 g de roquefort
6 nueces
1 endibia
15 g de mantequilla

⊕ Pele las nueces y tritúrelas un poco.

⊕ Lave la endibia, escoja unas hojas y córtelas en trozos pequeños.

⊕ Mezcle la mantequilla y el queso, y luego incorpore las nueces.

⊕ Abra el pan y úntelo con esta preparación; incorpore la endibia y cierre el bollito, procurando eliminar antes el exceso de miga.

SÁNDWICH MEDITERRÁNEO

Ingredientes

2 rebanadas de pan de hogaza
2 tomates pequeños
50 g de queso de cabra fresco
1/4 de pimiento
1 diente de ajo
1 cucharada sopera de alcaparras
Unas hojas de berros
Aceite de oliva virgen extra
Sal, pimienta

⊕ Tueste ligeramente las rebanadas de pan.

⊕ Mientras, lave los berros y los tomates. Corte estos últimos en trocitos pequeños.

⊕ Corte el queso en daditos.

⊕ Corte el diente de ajo por la mitad y frote vigorosamente la cara interna de las rebanadas de pan.

⊕ Mezcle el tomate con las alcaparras y el queso de cabra y dispóngalo sobre una rebanada.

⊕ Recubra con los berros.

⊕ Agregue un poco de pimiento que previamente habrá cortado en tiras finas.

⊕ Salpimiente y sazone con unas gotas de aceite de oliva y zumo de limón.

⊕ Cierre con la segunda rebanada de pan.

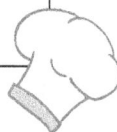

BOCADILLO DE TORTILLA AL TOMILLO

Ingredientes

1/3 de barra de pan
2 huevos
1 hoja de lechuga
Tomillo en polvo
Mantequilla
Sal, pimienta

🕐 Bata los huevos, salpimiente y espolvoree un poco de tomillo. Remueva todo bien antes de cuajar la tortilla en una sartén ligeramente untada con mantequilla.

🕐 Mientras, tueste ligeramente el pan abierto por la mitad.

🕐 Retire la tortilla del fuego, pártala un poco con el tenedor y rellene con ella el pan.

🕐 Cierre el pan.

🕐 Consuma este bocadillo tibio.

SÁNDWICH DE PETIT SUISSE

Ingredientes

1 bollito de cereales
1 Petit Suisse
Albahaca
Cebollino
Estragón
Sal, pimienta

🕐 Lave y pique finamente las hierbas aromáticas antes de mezclarlas con el Petit Suisse.

🕐 Salpimiente.

🕐 Rellene el pan con este preparado.

🕐 Consuma este sándwich bien frío.

NOTA

Si se desea, a este preparado se puede añadir una hoja de menta finamente picada para acentuar su frescor.

SÁNDWICH DE LECHE EN POLVO

Ingredientes

2 rebanadas de pan de hogaza
1 huevo
1 loncha fina de jamón de York
2 cucharadas soperas de leche en polvo no azucarada
50 g de gruyer
Queso rallado
Mantequilla
Pimienta

🕐 Mezcle el huevo, la leche en polvo y un poco de queso finamente rallado. Añada un poco de pimienta y reserve.

🕐 Ponga sobre una rebanada de pan el jamón de York y luego las finas láminas de gruyer.

🕐 Cubra con la segunda rebanada de pan.

🕐 Moje rápidamente las dos caras del sándwich con el preparado reservado y dórelo en una sartén con un poco de mantequilla.

🕐 Sirva nada más retirar del fuego.

SÁNDWICH A LA CREMA DE QUESO

Ingredientes

2 rebanadas de pan de hogaza
1 tarrina de crema de queso
1 diente de ajo

🕐 Tueste el pan.

🕐 Pele el diente de ajo, córtelo en dos y frote con él cada una de las caras interiores del pan.

🕐 Unte una rebanada de pan con una buena capa de crema de queso.

🕐 Cubra con la segunda rebanada.

SÁNDWICH DE CHOCOLATE

Ingredientes

1/3 de barra de pan vienés
60 g de chocolate negro
Crema Chantilly
Mantequilla

🕐 Funda el chocolate a fuego suave, al baño María, sin dejar de remover.

🕐 Deje que se enfríe un poco.

🕐 Mientras, unte ligeramente con mantequilla una mitad del pan.

🕐 Reparta sobre el pan el chocolate todavía untuoso.

🕐 Complete con un poco de crema Chantilly.

🕐 Cierre con la otra mitad del pan.

🕐 Consúmalo cuando aún esté tibio.

SÁNDWICH DE FRUTOS ROJOS

Ingredientes

1/3 de barra de pan vienés
Unas fresas
Unas frambuesas
10 cl de crema Chantilly
1 clara de huevo
1 cucharada sopera de azúcar glas
Unas hojas de menta
Almendras

🕐 Abra el pan y tuéstelo por el lado de la miga.

🕐 Bata la clara de huevo con el azúcar y unte una de las mitades de la barra de pan.

🕐 Lave los frutos, tritúrelos un poco con el tenedor y esparza la pulpa sobre el pan.

🕐 Unte con crema Chantilly y esparza unas almendras machacadas.

🕐 Lave la menta, séquela y dispóngala por encima de la guarnición.

🕐 Recubra con la otra mitad del pan.

LAS HAMBURGUESAS

No se podría finalizar este recorrido sin mencionar las hamburguesas, que se pueden considerar como sándwiches calientes. He aquí dos recetas tradicio-nales.

HAMBURGUESA CLÁSICA

1 panecillo de hamburguesa

80 g de carne picada

1 tomate pequeño

1 cebolla

1 hoja de lechuga

Ketchup

Pepinillos

Tueste ligeramente la cara interna de las dos mitades del pan de hamburguesa.
Mientras, fría la carne.
Lave el tomate y córtelo en finas rodajas.
Pele la cebolla y córtela en finas láminas.
Unte el pan con el *ketchup* y disponga la carne. Salpimiente.
Recubra con el tomate, la cebolla y las rodajas de pepinillo.
Cierre con la otra mitad del pan.
Consuma caliente.

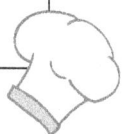

HAMBURGUESA DE PESCADO EMPANADO

1 panecillo de hamburguesa

1 pescado empanado

1 tomate

1 hoja de lechuga

Mayonesa

Tueste ligeramente la cara interna de las dos mitades del pan de hamburguesa.
Mientras, fría el pescado en una sartén con un poco de aceite de oliva virgen extra.
Lave el tomate y córtelo en finas rodajas.
Unte el pan con el *ketchup* y disponga el pescado.
Recubra con el tomate.
Cierre con la otra mitad del pan.
Consuma caliente.

SÁNDWICHES
DE OTROS LUGARES

SÁNDWICH AMERICANO SENCILLO

Ingredientes

1 rebanada de pan de molde
1 loncha de beicon
1 tomate pequeño
Mayonesa
Sal, pimienta

🕐 Lave el tomate y córtelo en finas rodajas.

🕐 Corte la rebanada de pan en dos triángulos.

🕐 Unte un triángulo con mayonesa.

🕐 Fría el beicon y dispóngalo sobre la mayonesa.

🕐 Recubra con las rodajas de tomate y el otro triángulo de pan.

SÁNDWICH AMERICANO DE JAMÓN Y POLLO

Ingredientes

2 rebanadas de pan de molde
1 pechuga de pollo asada
1 loncha de jamón de York
1 tomate
1 hoja de lechuga
Mostaza de Dijon
Mayonesa
Sal, pimienta

🕐 Lave el tomate y córtelo en finas rodajas.

🕐 Desmenuce la pechuga de pollo.

🕐 Unte las dos rebanadas de pan con una mezcla de mayonesa y mostaza al gusto.

🕐 Recorte el jamón a la medida del pan y colóquelo encima.

🕐 Unte el jamón con mayonesa y mostaza.

🕐 Esparza el pollo desmenuzado y cubra con las rodajas de tomate y la hoja de lechuga.

🕐 Recubra con la segunda rebanada de pan.

SÁNDWICH AMERICANO SABROSO

Ingredientes

1/2 barra de pan (o 2 rebana-das de pan de molde)
75 g de patatas para freír
1 loncha de jamón de York
25 g de queso gruyer rallado
Ketchup, mostaza o mayonesa
1 hoja de lechuga
Sal

🕐 Fría las patatas en aceite bien caliente y escúrralas. Añada un poco de sal.

🕐 Mientras, unte el pan con *ketchup*, mostaza o mayonesa, según su gusto.

🕐 Disponga las patatas y añada la loncha de jamón.

🕐 Espolvoree el queso rallado, recubra con la hoja de lechuga y cierre el sándwich.

🕐 Consuma enseguida.

SÁNDWICH AMERICANO CON COL HERVIDA

Ingredientes

2 rebanadas de pan de cen-teno
50 g de col hervida
50 g de carne asada en lon-chas
1 hoja de lechuga
1 cebolla pequeña
Mayonesa
Nata
Sal, pimienta

🕐 Pele y pique finamente la cebolla.

🕐 Mezcle una cucharada sopera de mayonesa y una cucharadita de nata; añada la cebolla picada y salpimiente.

🕐 Unte las rebanadas de pan con este preparado.

🕐 Disponga la col hervida sobre una de las rebanadas de pan.

🕐 Desmenuce la carne por encima y recubra con la hoja de lechuga.

🕐 Cubra con la otra rebanada de pan.

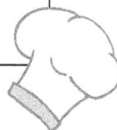

SÁNDWICH CALIFORNIANO

Ingredientes

2 rebanadas de pan de molde
1 loncha de cordero asado frío
1/4 de pimiento rojo
1 hoja de lechuga
Unas hojas de menta
Mayonesa
Sal, pimienta

🕐 Lave y corte el pimiento en finas láminas.

🕐 Unte generosamente las rebanadas de pan con mayonesa.

🕐 Disponga encima la carne de cordero. Salpimiente y unte la carne con un poco de mayonesa.

🕐 Adorne con el pimiento, recubra con la hoja de lechuga y espolvoree unas hojitas de menta picadas.

🕐 Cubra con la segunda rebanada de pan.

INGLATERRA

SÁNDWICH REAL

Ingredientes

2 rebanadas de pan de molde
1 trozo de pepino
Lechuga
Salsa para verduras crudas
Mayonesa
Vinagre de vino
Sal gorda

🕐 Pele el pepino y córtelo en rodajas finas; espolvoréelas con sal gorda y déjelas escurrir durante unos instantes.

🕐 Enjuáguelas y séquelas.

🕐 Sazone con la salsa para verduras crudas realzada con unas gotas de vinagre.

🕐 Unte con mayonesa la primera rebanada de pan; incorpore el pepino sazonado.

🕐 Adorne con la lechuga.

🕐 Recubra con la segunda rebanada de pan.

CONSEJO

Consuma este sándwich rápidamente para evitar que el pan se humedezca.

SÁNDWICH DE MORCILLAS DE LAS ANTILLAS

Ingredientes

2 bollitos de pan
25 g de arroz blanco cocido
2 morcillas pequeñas de las Antillas
1 rodaja de piña fresca
Pasas
Mantequilla

🕐 Precaliente el horno a alta temperatura.

🕐 Mientras, saltee el arroz a fuego vivo en una sartén con un poco de mantequilla. Reserve.

🕐 Corte la rodaja de piña en trocitos pequeños y dispóngalos en una sartén junto con una cucharada sopera de pasas.

🕐 Caliente a fuego suave durante unos minutos sin dejar de remover. Reserve.

🕐 Cueza las morcillas.

🕐 Abra el pan, quite el exceso de miga y tuéstelo ligeramente antes de repartir sobre él el arroz.

🕐 Continúe con la mezcla de piña y pasas, y luego disponga las morcillas por encima.

🕐 Recubra con la otra mitad del pan.

🕐 Caliente el sándwich durante unos minutos en el horno antes de consumirlo.

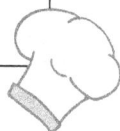

SÁNDWICH DE MERLUZA

Ingredientes

1 pan de hamburguesa
100 g de filetes de merluza
1/4 de pimiento rojo
1 escalonia pequeña
Perejil
Limón
Aceite de oliva virgen extra
Sal, pimienta

🕐 Pele y pique finamente la mitad de la escalonia.

🕐 Lave y pique finamente el perejil.

🕐 Corte el pimiento en finas láminas.

🕐 Fría el pescado en una sartén con aceite de oliva. Escúrralo y dispóngalo sobre una mitad del pan; salpimiente y recubra con la mezcla de pimiento, escalonia y perejil.

🕐 Aromatice con unas gotas de zumo de limón.

🕐 Recubra con la segunda mitad del pan y consuma enseguida.

CANADÁ

SÁNDWICH DE JAMÓN, QUESO DE CABRA Y PERA

Ingredientes

1 pan de pita
1 loncha pequeña de jamón
1 pera de pulpa firme
30 g de queso de cabra seco
30 g de mozzarella
Limón

🕐 Caliente el pan.

🕐 Mientras, ralle el queso de cabra y corte el jamón en cuadraditos.

🕐 Pele la pera y córtela en trozos finos.

🕐 Añada unas gotas de zumo de limón para evitar que la pulpa se ennegrezca.

🕐 Disponga el queso y el jamón sobre la base de pan y recubra con los trozos de peras.

🕐 Cierre el sándwich.

SÁNDWICH DE TERNERA AL TSATZIKI

Ingredientes

1 panecillo
100 g de carne de ternera muy magra
1/3 de pimiento verde o rojo
1 cebolla pequeña
5 cl de tomate frito
Apio deshidratado
Hierbas aromáticas al gusto
1 hoja de lechuga
Aceite de oliva virgen extra
Sal, pimienta

Para el tsatziki

1/3 de pepino
1/2 yogur
1 diente de ajo
Hierbas al gusto (eneldo, perifollo, cebollino, estragón, menta, perejil...)
Aceite de oliva virgen extra
Vinagre
Sal, pimienta

🕐 Pique la carne. Lave el pimiento y córtelo en trocitos pequeños. Pele la cebolla y píquela finamente. Lave las hierbas aromáticas y píquelas gruesas.

🕐 Mezcle todo con la carne picada y el tomate frito. Espolvoree el apio y salpimiente. Fría durante unos minutos en una sartén con unas gotas de aceite sin dejar de remover.

🕐 Rellene el sándwich con esta preparación y recubra generosamente con el tsatziki.

🕐 Decore con la hoja de lechuga.

Preparación del tsatziki

🕐 Quite el exceso de suero del yogur, dejándolo reposar durante unas horas en un colador cubierto con un paño fino.

🕐 Mientras, pele el pepino y córtelo en tiras en sentido longitudinal; retire las pepitas, sale y deje que escurra durante unos quince minutos. Aclárelo en agua fría, escúrralo y píquelo finamente.

🕐 Deje que repose un momento en un colador, presionando de vez en cuando para extraer la mayor cantidad posible de agua; luego, seque todo con un trapo. A continuación, aplaste y pique finamente el diente de ajo antes de mezclarlo con el pepino picado y las hierbas aromáticas. Incorpore este preparado al yogur y salpimiente.

🕐 Añada una cucharada sopera de aceite de oliva y una cucharadita de vinagre, y mezcle bien. Refrigere en la nevera durante media hora. Remueva antes de utilizar en el sándwich.

SÁNDWICH DE BROTES DE SOJA Y SETAS

Ingredientes
1 panecillo de sésamo
50 g de pechuga de pollo cocida
40 g de brotes de soja
20 g de setas deshidratadas
1 tomate pequeño
1 hoja de lechuga
Limón
Perifollo
Salsa de soja
Aceite de oliva virgen extra
Sal, pimienta

🕐 Ponga las setas en un bol con agua hirviendo y déjelas que se hinchen durante 20 minutos aproximadamente; luego, cuézalas en agua hirviendo durante 20 minutos más.

🕐 Mientras, cueza los brotes de soja en agua hirviendo. Retírelos del fuego en cuanto el agua comience a hervir de nuevo.

🕐 Escúrralos.

🕐 Lave y corte el tomate en trocitos finos.

🕐 Desmenuce la pechuga de pollo.

🕐 Lave y corte la lechuga en tiras finas.

🕐 Lave y pique grueso el perifollo.

🕐 Retire las setas del fuego, escúrralas y déjelas enfriar.

🕐 Salpimiente y mezcle todos los ingredientes; sazone con unas gotas de limón y una mezcla de aceite de oliva y salsa de soja.

🕐 Deje que enfríe durante una media hora.

🕐 Rellene el pan de sésamo con esta preparación después de haber quitado el exceso de miga.

DINAMARCA

SÁNDWICH DE HUEVOS FRITOS Y CEBOLLAS

Ingredientes

1 blini
1 huevo
1 cebolla roja
Pulpa de tomate
Mantequilla
Sal, pimienta

🕐 Pele la cebolla y córtela en finas láminas.

🕐 Fría el huevo, y luego sofría la cebolla en una sartén con un poco de mantequilla.

🕐 Abra el blini y tuéstelo ligeramente antes de untarlo con la pulpa de tomate.

🕐 Rellene con el huevo y la cebolla.

🕐 Salpimiente y cubra con la otra mitad del blini.

FRANCIA

SÁNDWICH NIZARDO

Ingredientes para 4 personas

5 rebanadas de pan de molde
1 lata grande de atún
150 g de aceitunas negras y verdes
2 pimientos
2 tomates
1 hoja de lechuga
1 pepino pequeño
4 huevos duros
3 cucharadas soperas de mayonesa
Perifollo, estragón
Mantequilla

🕐 Tueste ligeramente el pan. Unte mantequilla por un lado.

🕐 Sobre la primera rebanada, ponga la hoja de lechuga, cúbrala de mayonesa y esparza unas migas de atún y aceitunas deshuesadas y cortadas en rodajas finas.

🕐 Ponga encima la segunda rebanada de pan con un poco de mayonesa en su parte superior y un lecho de pepino cortado en finas rodajas.

🕐 Sobre la tercera rebanada disponga mayonesa, tomate y huevo duro cortados en finas rodajas.

🕐 Sobre la cuarta rebanada, mantequilla, pimiento cortado en tiras finas, mayonesa y unas ramitas de perifollo y de estragón finamente picadas.

🕐 Cubra con la quinta rebanada de pan y prense durante una media hora entre dos platos hondos.

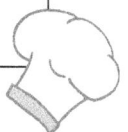

GRECIA

SÁNDWICH DE CORDERO

Ingredientes

1 pan de pita
1 trozo fino de espalda de cordero
1 tomate pequeño
1 cebolla pequeña
1 hoja de lechuga
1 cucharada sopera de nata
Albahaca
Cebollino
Perejil
Pimentón
Aceite de oliva virgen extra
Sal, pimienta

🕐 Tueste ligeramente el pan de pita, que previamente habrá abierto por la mitad.

🕐 Mientras, lave y pique finamente las hierbas.

🕐 Pele y pique gruesa la cebolla y mezcle todo con la nata.

🕐 Salpimiente y unte una mitad del pan con esta preparación.

🕐 Lave el tomate y córtelo en rodajas finas.

🕐 Ase el trozo de cordero en una sartén con unas gotas de aceite y dispóngalo sobre el pan.

🕐 Espolvoree un poco de pimentón.

🕐 Recubra con las rodajas de tomate y la hoja de lechuga.

🕐 Cierre el pan.

SÁNDWICH DE VERDURAS CON FETA

Ingredientes

1 pan de pita
1/2 yogur
1/8 de pepino
1/3 de pimiento verde
10 tomates cherry
1 cebolla pequeña
1 diente de ajo
Aceitunas negras deshuesadas
Orégano fresco
1 limón
Lechuga
40 g de feta
Azúcar en polvo
Aceite de oliva virgen extra
Sal, pimienta

🕐 Deje que escurra el yogur en un colador cubierto con un trapo.

🕐 Mientras, corte el pimiento en tiras finas.

🕐 Haga lo mismo con unas hojas de lechuga.

🕐 Lave los tomatitos *cherry* y córtelos por la mitad.

🕐 Pele el pepino y córtelo en dados.

🕐 Pele el ajo y la cebolla y píquelos finamente.

🕐 Corte las aceitunas en finas rodajitas.

🕐 Corte el feta en dados.

🕐 Mezcle el yogur con el ajo, la cebolla, un poco de orégano y una pizca de azúcar en polvo, y sazone con unas gotas de aceite de oliva y zumo de limón.

🕐 Salpimiente y remueva bien antes de incorporar el queso, los tomates, el pimiento y la lechuga.

🕐 Abra el pan y rellénelo con este preparado.

NOTA

Antes de servir, presione ligeramente el sándwich para eliminar el exceso de relleno.

SÁNDWICH DE BOQUERONES EN VINAGRE

Ingredientes
2 rebanadas de pan de cen-teno
6 boquerones en vinagre
1 hoja de lechuga
1 cucharadita de nata
Limón

🕐 Escurra los boquerones.

🕐 Mientras, unte cada rebanada de pan con nata, a la que previamente habrá añadido unas gotas de zumo de limón.

🕐 Disponga los boquerones sobre una rebanada de pan.

🕐 Recubra con la hoja de lechuga.

🕐 Cierre el sándwich con la segunda rebanada de pan.

SÁNDWICH DE QUESO GOUDA

Ingredientes
2 rebanadas de pan de molde
1 huevo
25 g de queso gouda
25 g de almendras picadas
1 rodaja de piña
Mayonesa

🕐 Tueste el pan de molde.

🕐 Mientras, corte el queso en daditos.

🕐 Unte una de las rebanadas de pan con mayonesa.

🕐 Espolvoree las almendras picadas y rellene con la rodaja de piña y el queso *gouda*.

🕐 Cubra con la segunda rebanada de pan.

INDIA

SÁNDWICH DE POLLO AL CURRY

Ingredientes
1/3 de barra de pan
1 pechuga de pollo asada
1 huevo
Curry en polvo
Mostaza blanca
Mayonesa
Sal, pimienta

🕐 Cueza el huevo.

🕐 Mientras, desmenuce la pechuga de pollo.

🕐 Mezcle una cucharada sopera de mostaza, una cucharada sopera de mayonesa y una cucharadita de *curry*.

🕐 Salpimiente.

🕐 Pele el huevo y córtelo en trocitos antes de mezclarlo con la salsa. Incorpore el pollo.

🕐 Rellene el pan.

🕐 Consuma este sándwich tibio.

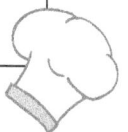

SÁNDWICH DE AGUACATE

Ingredientes

2 rebanadas de pan de molde
1/2 aguacate
1 huevo duro
Limón
Lechuga
Mayonesa
Sal, pimienta

🕐 Tueste las rebanadas de pan.

🕐 Mientras, pele el huevo cocido y aplástelo con el tenedor junto con una cucharada de mayonesa.

🕐 Extraiga la pulpa del aguacate, aplástela con el tenedor, salpimiente y sazone con unas gotas de zumo de limón.

🕐 Incorpore el huevo y unte una de las rebanadas de pan con este preparado.

🕐 Recubra con la lechuga y con la segunda rebanada.

ITALIA

SÁNDWICH DE ATÚN
Y REQUESÓN

Ingredientes

1 bollito de pan
1 latita de atún al natural
100 g de requesón o ricotta
1 zanahoria
1 cebolla pequeña
1 ramita de apio
1 hoja de lechuga
1/2 limón
Hierbas aromáticas frescas al gusto (albahaca, cebollino, perejil...)
Sal, pimienta

🕐 Escurra el atún antes de desmigarlo.

🕐 Pele la zanahoria y córtela en finas tiras.

🕐 Lave el apio y píquelo finamente, incluyendo las hojas.

🕐 Lave las hierbas aromáticas y píquelas gruesas.

🕐 Mezcle todo con el requesón, salpimiente y añada unas gotas de zumo de limón.

🕐 Rellene bien el pan y decore con la hoja de lechuga.

NOTA

El *ricotta* es un queso fresco muy parecido al requesón. Si se emplea, puede resultar conveniente dejarlo que escurra unos instantes antes de utilizarlo.

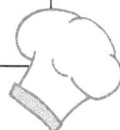

SÁNDWICH ITALIANO

Ingredientes

2 rebanadas de pan de hogaza
1 tomate
1 diente de ajo
Albahaca
Aceite de oliva virgen extra
Sal, pimienta

🕐 Tueste las rebanadas de pan por un solo lado.

🕐 Mientras, lave y corte el tomate en trozos pequeños.

🕐 Lave la albahaca y píquela gruesa.

🕐 Pele el diente de ajo, córtelo en dos y frote bien el lado tostado de las rebanadas de pan.

🕐 Extienda un poco de aceite sobre el pan, disponga encima los trozos de tomate, salpimiente y recubra generosamente con albahaca.

🕐 Cubra con la segunda rebanada de pan.

SÁNDWICH DE JAMÓN SERRANO

Ingredientes

2 rebanadas de pan de hogaza
3 rodajas de mozzarella
Unas hojas de lechuga
2 lonchas de jamón serrano
Aceite de oliva virgen extra
Sal, pimienta

🕐 Cubra el pan con el jamón, y luego disponga las rodajas de *mozzarella*.

🕑 Sazone con unas gotitas de aceite de oliva e incorpore las hojas de lechuga.

🕒 Salpimiente al gusto.

🕓 Recubra con la otra rebanada de pan.

NOTA

Este sándwich resulta todavía mejor si previamente se tuesta ligeramente el pan.

SÁNDWICH DE MARISCO

Ingredientes

2 rebanadas de pan de hogaza
50 g de mejillones
50 g de almejas
1 cebolla pequeña
1 diente de ajo
Perejil
1 limón
Mantequilla
Aceite de oliva virgen extra
Sal, pimienta

🕐 Tueste ligeramente las rebanadas de pan.

🕐 Mientras, limpie y lave los mejillones y las almejas.

🕐 Pele la cebolla, lave el perejil y pique finamente cada uno por separado.

🕐 Abra los mariscos durante unos minutos a fuego vivo en una cazuela con un poco de agua y la cebolla.

🕐 Retire del fuego.

🕐 Separe los moluscos de las conchas.

🕐 Reserve.

🕐 Corte el diente de ajo en dos y frote bien la cara interna de las rebanadas de pan antes de untarlas con mantequilla.

🕐 Disponga los moluscos, espolvoree perejil picado, salpimiente y sazone con unas gotas de aceite de oliva y de zumo de limón.

🕐 Recubra con la segunda rebanada de pan.

SÁNDWICH ESCANDINAVO

Ingredientes

1 panecillo
1 filete de arenque ahumado
Unas rodajas de pepino
1 hoja de lechuga
Nata ligera
Mayonesa
Pimentón
Sal gruesa
Aceite de oliva virgen extra

⊕ Disponga unas rodajas de pepino con sal gorda para que suelten el agua.

⊕ Aclárelas y escúrralas.

⊕ Mientras, corte el filete de arenque en trocitos y prepare una mezcla de nata y mayonesa en una proporción de una por tres. Salpimiente y espolvoree pimentón.

⊕ Unte una mitad del pan abierto con esta preparación, cubra con las rodajas de pepino, disponga encima los trozos de arenque y recubra con la hoja de lechuga.

⊕ Cierre el sándwich.

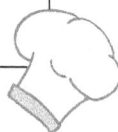

SÁNDWICH DE SALMÓN AHUMADO

Ingredientes

1 rebanada de pan de molde
50 g de salmón ahumado
10 cl de nata
Medio limón
1 hoja de lechuga
Aceite de oliva virgen extra
Sal, pimienta

🕐 Corte en dos triángulos la rebanada de pan de molde y retire la corteza.

🕐 Deje que marine durante unos minutos la loncha de salmón en un poco de zumo de limón con unas gotas de aceite de oliva virgen extra.

🕐 Unte los triángulos con una fina capa de nata previamente salpimentada.

🕐 Coloque sobre un triángulo la loncha de salmón ahumado, y a continuación la hoja de lechuga.

🕐 Recubra con el segundo triángulo.

SÁNDWICH DE VERDURAS ASADAS

Ingredientes

1 panecillo
1/4 de pimiento rojo
1 cebolla roja pequeña
1/4 de calabacín cortado en sentido longitudinal
1/4 de berenjena pequeña
Mozzarella fresca
Aceite de oliva virgen extra
Salsa pesto
Sal, pimienta

🕐 Precaliente la barbacoa a intensidad media-elevada, o utilice una plancha estriada sobre el fuego de la cocina.

🕐 Mientras, lave el pimiento, quítele las pepitas y córtelo en trozos.

🕐 Lave el calabacín, despúntelo y córtelo en finas rodajas. Corte de la misma manera la berenjena.

🕐 Pele la cebolla y córtela en daditos.

🕐 Ase las verduras, untándolas previamente con un poco de aceite de oliva.

🕐 Salpimiente.

🕐 Unte el interior del pan con el *pesto* y rellene con las verduras y el queso.

🕐 Cierre el bocadillo y dórelo en el grill de la barbacoa o en la parrilla durante 5 minutos o hasta que el queso se haya fundido.

🕐 Dele la vuelta para que queden las marcas del grill en los dos lados.

🕐 Sirva nada más retirar del fuego.

Receta creada por el chef Ricardo Larrivée.

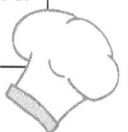

CANAPÉS

Sin ser sándwiches propiamente dichos, los canapés se pueden considerar
parientes de estos, ya que se elaboran casi de la misma manera.
Los canapés se realizan sobre la base de un pequeño cuadradito
de pan (pan de molde, de hogaza o de centeno), sin costra y untado
o no con mantequilla según las recetas, que se puede guarnecer
con distintos productos: embutidos, huevos, verduras, salmón,
langostinos, caviar, etc.
Las hierbas aromáticas y distintos condimentos permitirán casar sabores,
tanto los más tradicionales como los más audaces.
En general, casi todas las recetas que aquí se presentan como canapés
se pueden preparar también como medias noches, utilizando como
soporte un bollo de leche blandito de costra dorada y miga esponjosa
y muy sabrosa, sobre todo las recetas que tienen como ingrediente
principal productos de charcutería (jamón de York, mortadela, etc.),
algunos productos del mar, como el salmón o el atún, o diferentes
tipos de quesos.

CANAPÉS DE CEREALES Y MORTADELA

Ingredientes para 4 personas

125 g de pan de molde de cereales
100 g de mortadela
75 g de queso de cabra fresco
20 g de pistachos pelados
Aceite de oliva virgen extra
Sal, pimienta

🕐 Quite la corteza del pan de molde y córtelo en rebanadas finas.

🕐 Aplaste los pistachos y el queso de cabra, y mézclelo con unas gotas de aceite de oliva. Salpimiente.

🕐 Unte las rebanadas de pan con esta preparación y cúbralas con la mortadela.

🕐 Cubra con otra rebanada de pan y corte en pequeños cuadrados, rectángulos o triángulos, según el efecto estético que desee obtener.

🕐 Fije los canapés con un palillo.

CANAPÉS DE BEICON

Ingredientes para 4 personas

8 rebanadas de pan de molde
10 lonchas de beicon
8 huevos duros
2 tomates
Cebollino
Mantequilla

🕐 Quite la corteza del pan de molde.

🕐 Lave el cebollino y los tomates, y corte estos últimos en rodajas finas.

🕐 Pele los huevos y córtelos en rodajas finas.

🕐 Unte ligeramente con mantequilla las rebanadas de pan y recúbralas con una superposición de beicon, huevo duro y tomate.

🕐 Espolvoree pimienta y cebollino picado.

🕐 Corte las rebanadas de pan en cuadraditos.

🕐 Fije los canapés con palillos.

CANAPÉS DE JAMÓN SERRANO Y MELÓN

Ingredientes para 4 personas

8 rebanadas de pan de molde
4 lonchas de jamón serrano
1 melón pequeño
Mantequilla

🕐 Quite la corteza al pan de molde.

🕐 Unte ligeramente con mantequilla las rebanadas de pan y cúbralas con el jamón serrano.

🕐 Corte el melón en daditos.

🕐 Corte los canapés en cuadrados y ponga en cada uno un dado de melón.

🕐 Fíjelos con un palillo.

CANAPÉS DE ATÚN

Ingredientes para 4 personas

8 rebanadas de pan de molde
100 g de migas de atún en aceite de oliva
20 g de mayonesa
Perejil
Sal, pimienta

🕐 Quite la corteza del pan de molde.

🕐 Escurra bien el atún.

🕐 Mientras, unte ligeramente las rebanadas de pan con mayonesa. Salpimiente.

🕐 Disponga encima las migas de atún.

🕐 Corte los canapés en cuadrados y decórelos con una hoja de perejil.

MAYONESA DE COLORES

Para proporcionar un mejor aspecto a los canapés, se puede jugar con la coloración de la mayonesa.
Mayonesa rosa: añada un poquito de tomate concentrado o de *ketchup*.
Mayonesa naranja: incorpore piel de naranja rallada.
Mayonesa verde: mezcle con un poquito de puré de aceitunas verdes.
Mayonesa negra: añada un poquito de puré de aceitunas negras.
Mayonesa azul: incorpore un poco de queso azul.

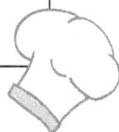

CANAPÉS DE SALMÓN Y NATA

Ingredientes para 4 personas

8 rebanadas de pan de molde integral
8 lonchitas de salmón ahumado
10 cl de nata
Eneldo
Pimienta

🕐 Quite la corteza del pan de molde.

🕐 Unte ligeramente las rebanadas de pan con nata, a la que antes habrá añadido un poco de pimienta.

🕐 Disponga encima las lonchas de salmón ahumado.

🕐 Corte los canapés en cuadrados y decórelos con una gota de nata y un poco de eneldo.

🕐 Sírvalos fríos.

CANAPÉS-SÁNDWICHES DE CECINA

Ingredientes para 4 personas

8 rebanadas de pan de nueces
10 lonchas de cecina
Mantequilla
Mayonesa
Mostaza de Dijon
Pimienta

🕐 Quite la corteza al pan de nueces.

🕐 Unte ligeramente con mantequilla cuatro rebanadas y córtelas en cuadraditos.

🕐 Corte la cecina con la forma de los canapés y dispóngala por encima.

🕐 Unte las otras cuatro rebanadas de pan con una mezcla de mostaza y de mayonesa, en una proporción de uno por dos.

🕐 Corte estas cuatro rebanadas de pan con la forma de los canapés y cubra cada uno.

🕐 Fíjelos con un palillo.

CANAPÉS DE TORTILLA

Ingredientes para 4 personas

8 rebanadas de pan de molde tipo brioche
2 huevos
1 cebolla pequeña
1 tomate
4 lonchas de gruyer
1 latita de anchoas
Perejil
Aceite de oliva virgen extra
Mantequilla
Sal, pimienta

🕐 Quite la corteza del pan.

🕐 Unte ligeramente con mantequilla las rebanadas y córtelas en cuadrados.

🕐 Pele la cebolla, lave el perejil y píquelos finamente.

🕐 Lave el tomate y córtelo en rodajas finas.

🕐 Bata los huevos, incorpore la picada, salpimiente, remueva y cuaje la tortilla a fuego lento en una sartén con un poco de aceite de oliva.

🕐 Mientras, corte el gruyer con la forma de los canapés y coloque un trocito en cada canapé.

🕐 Recubra con un trocito de tortilla y decore con la mitad de una rodaja de tomate.

🕐 Decore con una anchoa enrollada.

CANAPÉS FRESCOS DE LANGOSTINOS

Ingredientes para 4 personas

4 rebanadas de pan de hogaza
8 langostinos cocidos
1 yogur natural
1 ramita de apio
1 manzana ácida
1 cebolla pequeña
1 limón
Cebollino
Mayonesa
Aceite de oliva virgen extra
Sal, pimienta

🕑 Quite la corteza del pan de hogaza.

🕑 Unte ligeramente las rebanadas con mayonesa y córtelas en cuadrados.

🕑 Pele y pique la cebolla; corte la manzana y el apio en daditos, y mézclelo todo con el yogur.

🕑 Salpimiente.

🕑 Disponga esta preparación sobre los canapés.

🕑 Pele los langostinos y córtelos en rodajas de grosor medio antes de rellenar los canapés.

🕑 Sazone con unas gotas de aceite de oliva y de limón.

🕑 Decore con unos trocitos de cebollino.

🕑 Ponga a refrigerar media hora antes de servir.

CANAPÉS DE CAVIAR

Ingredientes para 4 personas

8 rebanadas de pan de molde
1 latita de caviar
1 cebolla
1 huevo cocido
1 limón
Mantequilla

🕐 Quite la corteza del pan de molde.

🕐 Unte ligeramente cuatro rebanadas con mantequilla y córtelas en triángulos o en cuadrados.

🕐 Pele y pique finamente la cebolla.

🕐 Pele el huevo cocido y aplástelo bien con un tenedor.

🕐 Mezcle cuidadosamente el huevo y la cebolla con el caviar.

🕐 Sazone con zumo de limón.

🕐 Rellene los canapés con este preparado.

🕐 Recubra con las cuatro rebanadas de pan restantes, cortadas con la forma de los canapés.

🕐 Fije con un palillo.

NOTA

Los ingredientes deben haberse refrigerado antes de la preparación de los canapés.

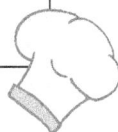

CANAPÉS DE HUEVOS COCIDOS Y PUNTAS DE ESPÁRRAGO

Ingredientes para 4 personas

4 rebanadas de pan de molde tipo brioche
2 huevos cocidos
2 latitas de espárragos
Mayonesa
Albahaca

🕐 Quite la corteza del pan de molde.

🕐 Unte ligeramente cuatro rebanadas de pan con mayonesa y córtelas en cuadrados.

🕐 Pele los huevos y córtelos en rodajas.

🕐 Ponga sobre cada canapé una rodaja de huevo y una punta de espárrago.

🕐 Decore con una hoja de albahaca y un poco de mayonesa.

ÍNDICE DE RECETAS

Bocadillos

Bocadillo de arroz integral,	43
Bocadillo de cabeza de jabalí,	34
Bocadillo de merluza al alioli,	52
Bocadillo de pollo y verduras,	35
Bocadillo de salchicha,	38
Bocadillo de tortilla al tomillo,	54

Canapés

Canapés de atún,	85
Canapés de beicon,	84
Canapés de caviar,	89
Canapés de cereales y mortadela,	84
Canapés frescos de langostinos,	88
Canapés de huevos cocidos y puntas de espárrago,	90
Canapés de jamón serrano y melón,	85
Canapés de salmón y nata,	86
Canapés-sándwiches de cecina,	86
Canapés de tortilla,	87

Hamburguesas

Hamburguesa clásica,	57
Hamburguesa de pescado empanado,	57

Sándwiches

Club sándwich,	29
Parisino,	28
Sándwich de aguacate,	74

Sándwich de aguacate y huevas de bacalao,   49
Sándwich alsaciano,   37
Sándwich americano con col hervida,   61
Sándwich americano de jamón y pollo,   60
Sándwich americano sabroso,   61
Sándwich americano sencillo,   60
Sándwich de atún y huevos,   46
Sándwich de atún y huevos mimosa,   45
Sándwich de atún y queso,   46
Sándwich de atún y requesón,   75
Sándwich de bogavante a la naranja,   48
Sándwich de boquerones en vinagre,   72
Sándwich de brotes de soja y setas,   67
Sándwich de buey,   44
Sándwich de caballa a la mostaza,   50
Sándwich californiano,   62
Sándwich de cecina,   39
Sándwich de cerdo con piña,   36
Sándwich de chocolate,   56
Sándwich de col, zanahorias y pasas,   30
Sándwich de cordero,   70
Sándwich a la crema de queso,   55
Sándwich para cuidar la línea,   30
Sándwich dulce-salado,   36
Sándwich escandinavo,   79
Sándwich de *foie gras* con mango,   34
Sándwich frescor,   40
Sándwich de frutos rojos,   56
Sándwich de gambas y cangrejo,   47
Sándwich de hígado de ternera,   45
Sándwich de higos y jamón de York,   42
Sándwich de huevos fritos y cebollas,   68
Sándwich italiano,   76
Sándwich de jamón, queso de cabra y pera,   65
Sándwich de jamón, queso y naranja,   38
Sándwich de jamón serrano,   77
Sándwich de jamón serrano al roquefort,   43
Sándwich de leche en polvo,   55
Sándwich de marisco,   78
Sándwich mediterráneo,   53
Sándwich de mejillones y *surimi*,   51
Sándwich de merluza,   64

Sándwich de morcillas de las Antillas,   63
Sándwich nizardo,   69
Sándwich norte-sur,   50
Sándwich de nueces y roquefort,   53
Sándwich de panceta y huevos revueltos,   33
Sándwich de paté de salmón,   47
Sándwich de Petit Suisse,   54
Sándwich de picadillo de salmón,   49
Sándwich de pollo al *curry*,   73
Sándwich de pollo y grosellas,   35
Sándwich provenzal,   32
Sándwich de queso gouda,   72
Sándwich de queso y jamón,   28
Sándwich real,   62
Sándwich sabroso,   41
Sándwich de salchichón,   29
Sándwich de salmón ahumado,   80
Sándwich de sardinas,   39
Sándwich de sesos,   44
Sándwich de sucedáneo de caviar,   52
Sándwich a la *tapenade*,   31
Sándwich de ternera al *tsatziki*,   66
Sándwich de tomate y espárragos,   31
Sándwich de verduras asadas,   81
Sándwich de verduras asadas y *mozzarella*,   42
Sándwich de verduras con feta,   71
Sándwich de vieiras,   51

www.ingramcontent.com/pod-product-compliance
Lightning Source LLC
Chambersburg PA
CBHW062113090426
42741CB00016B/3409